創作ダ
はじめの一歩

森川みえこ

SUNRISE

創作ダンス！ はじめの一歩

目次

I はじめに ……… 7

ダンスはびっくりするほど自分磨きに役に立つ！ ……… 8

1. ダンスが生まれたわけ ……… 11
1. 最古の芸術である舞踊
2. 人のこころは刺激に敏感！

2. 人と時代で生まれたダンス ……… 14
1. 仕事としての踊り
2. 娯楽のための踊り
3. 神への踊り
4. 教養や社交としての踊り
5. 教育のための踊り
6. 芸術としての踊り
7. 国を治めるために踊った踊り

3. ダンスを学ぶと幸せになる ……… 17
1. 想像・創造をすること
2. リズム感
3. 即興能力
4. 観察力
5. 空間感

4. いろいろな力と可能性 ……… 21
1. こころと感覚の目覚め
2. 感性を磨く
3. 価値観の向上
4. 内面の外面化
5. コミュニケーションの向上
6. 社会性の養成
7. 自己を発見する
8. 心身の発達と調和

Ⅱ 創作ダンス実践編（１） ―― 23

1．創作ダンスの特性と目的 ―― 23
 1．特性
 2．目的
 3．具体的目標

2．授業の進め方 ―― 26
 教材1「ころがる動きをつなげてリズムパターン作り」
 教材2「あ・い・う・え・お」のデッサンで動き作り

3．創作ダンス作品制作の過程 ―― 32
 1．テーマ決定
 2．メージをふくらませよう
 3．作品から伝えたいことを決めましょう
 4．作品の流れを考えましょう
 5．作品のまとめ方
 6．運動づくり
 7．作品に必要な運動を作りましょう
 8．4単位形式で作品をまとめましょう

4．こんなことも知っておこう！ ―― 51
 1．舞踊の形式
 2．空間的形式
 3．時間的形式
 4．デッサンで動きづくり
 5．リズム・拍子・テンポ

Ⅲ　創作ダンス実践編（2） ……… 59

1．まず、はじめに！……… 59
「こころ脳ウォーミングアップ」

2．こころも身体も自由自在 ……… 64
「こころ脳ウォーミングアップ」

3．ちょっとやってみよう ……… 68
授業の導入でこころのウォーミングアップ

4．イメージをつかんでみよう ……… 70

5．リズムを作ってみよう ……… 72

6．作品を作ろう ……… 74
1．グループ分け
2．題材
3．話し合い
4．モティーフの決定
5．作品の流れ（内容）
6．作品構成の運動
7．運動のモティーフ
8．作品をまとめる
9．伴奏音を考える
10．衣装を考える

7．発表会をやろう ……… 76
1．舞台を作ろう
2．プログラムを作ろう
3．みんなで鑑賞しよう
4．鑑賞・評価について

教材資料 80

参考文献 86

I はじめに

　ダンスの授業をどのように進めていけば、受講生たちは興味を持ってくれるのでしょう。

　そんな中、平成24年に必修化になった、ダンスの指導に苦慮しておられるのではないでしょうか。

　ダンスの指導に悩んだ結果「現代リズムのダンス」を選択するという結果になっていませんか。

　とりあえず、ダンスの授業を、踊り中心で楽しく体を動かし、その場を難なくクリアしようと考えがちです。

　もちろん子どもたちは、必死でステップを覚え、みんなで楽しくかっこよく踊ろうとがんばるでしょう。

　そこで、ダンスの単元すべてを「現代リズムのダンス」に費やさず、ウォーミングアップなどにうまく取り入れていくことをお勧めします。

　必修化された、本来のダンスの意義・目的を再度、見直し、創作ダンスの指導に取り組んでみてはいかがでしょう。

ダンスはびっくりするほど自分磨きに役に立つ！

リズム感がよくなる！　　　（リズム感）　効率よく動ける
空間をデザインできる！　　（空　間　感）　心地よい空間をみつけられる
知識を広げることができる！（知　　　識）　知識人になる
知らない世界がみられる！　（観　察　力）　興味にひろがりがでる
何でも公平に考えられる！　（客　観　性）　筋道を立てて考えられる
美しいものをみつけ出せる！（審　　　美）　美的意識が高くなる
芸術鑑賞が好きになる！　　（文　　　化）　趣味に磨きがかかり文化的になる
人生楽しくなる！　　　　　（元気で長生き）いつもポジティブになれる
新しい事へチャレンジできる！（挑　　戦）　常に前進、今に満足しない
こころも体も元気になる！　（健　　　康）　ストレスを発散、病気も逃げる
こころも体も美しくなる！　（美　　　徳）　バランスのとれた身体の確保

　　舞踊は最古の芸術である！（マックス・フォン・ベーム）
　　生命あるものは舞踊する！（ジャン・ジョルジュ・ノベール）
　　舞踊することは人間の本能である！（エドワード・スコット）
　　母の胎内にいるときから！（イサドラ・ダンカン）

など舞踊家たちは、舞踊の起源説を唱えました。どれが本当に舞踊の起源なのか、そのどれもが舞踊の起源と考えることができます。

　人はなぜ踊るのだろうか？　世界の国々の長い歴史の中で、それは必然性にかられ踊ったことが、いろいろなダンスを生んできたのでしょう。必要として踊られてきた踊りは、継承されたものもあれ

ば、また発展し、あらたな踊りがつくられ、人間になくてはならない舞踊として存在し続けていると考えられます。

　また舞踊するものは人間だけでなく、動物、草木などの植物、吹く風、流れる川などの自然、すべて命あるものは舞踊しているのです。

　昨今、体力低下やコミュニケーション能力の低下が問題となっています。ゲームやネットを通して遊びがあり、顔を見合わせることなく画面でやり取りを行うなど、現代社会の進歩の象徴の中で、希薄な関係がつくられていると思われます。

　人としての心身の発達は、昔も今もそう変わらないのではないでしょうか。人と人が出会うことにより、喜びや悲しみ、楽しさ、苦しみ等の感情が表れ、時には心のぶつかり合いや自身の心の葛藤が生じ、価値観も変化し、人は成長していきます。ダンスが見直され、必修化されたのも、そういうところに理由があるように思います。

　表現活動であるダンスは、自分の考えや心の叫びを具体化し身体運動として表現するもので、それは作品制作の過程で、積極性、客観性、協調性、観察力、協力する態度、審美力、個性、創造性を高めることができます。

　芸術分野のひとつであるダンスは、体育の領域に属し、学校ダンスとして位置しています。ダンスは、創造性や感性など心を豊かに、そして美しく健康な心身を育むことができる創造活動になります。

　まさに「生きる力」を育ててくれるものです。そして、人間形成に欠かせない単元であると思います。

学校で学ぶダンスは、舞踊家やダンサーになることを目指しているのではありません。ダンスを利用して広く感性を高め、創造性や情緒を豊かにすることや、健やかな身体を育むことが目的です。ダンスを学ぶ意義と価値を、ダンスをとおして子どもたちに大切なこと、必要なことを伝えていかなければと思っています。

　本書は、創作ダンスの必要性、授業の展開、実践などを紹介しています。少しでも皆さんのお役に立てていただければとまとめました。

　若き教員の方々、教員を目指している学生さんたちの教科書として使っていただければ幸いです。

森川みえこ

1．ダンスが生まれたわけ

人間がこの地球上にあらわれた時から、踊りは始まった！
草や木々や動物も踊っている！
川の流れ、吹く風も山もみんな踊っている！

1．最古の芸術である舞踊

神代の昔から（古事記から）
　天照大御神（あまてらすおおみかみ）が天の岩屋におかくれになり、天下は暗闇となった。そこで天宇受売女命（あめのうずめのみこと）は足を踏み鳴らし巧みに踊りだし、天照大御神が岩屋から出てきたことにより、天下に光を戻されたそうで、天宇受売女命の踊りのおかげであったということでしょう。

ギリシャの神々の時代
　酒の神ディオニソス（別名バッカス）はブドウの神で美味しいブドウ酒（ワイン）を自由自在に作ることができました。ディオニュソスはブドウ酒と演劇、祭祀（祝祭）を司る神となりました。女性たちは、ディオニュソスが製造した特上のワインを飲み、音楽をかき鳴らして踊りました。またコリュバスというフリュギア地方伝統の祭祀では、女装した聖職者階級（司祭階級）の男たちが、笛を激しく吹き鳴らし太鼓を乱打し、踊りながら練り歩き楽しみました。
　踊りに神も人間も興味を示し、自然に興じていたということでしょう。
　近代舞踊革命の先駆者、イサドラ・ダンカン（1887～1927）は舞踊

の始まりを「母の胎内にいるときから」と表現しています。胎児は手や足を曲げたり伸ばしたりして生きているというメッセージを送り、そして赤ちゃんは、「お腹が減ったよ！」「おしっこが出たよ！」と泣いたり、あやしてもらって笑ったり、うれしいと手足をバタバタしたり、そうやって伝えたいことを表現しているのでしょう。動きはメッセージとして、言語の代わりを担っているのです。

　人は心に湧き上がった感情や感激を伝えずにはいられなくなり、その感激を身振り手振りのジェスチャーを加えて話をしてしまいます。

　うれしさのあまり走り回ったり、跳び上がったりしてコミュニケーションを取ろうとします。相手にも自分と同じ気持ちを分かってほしいのです。それらを考えると人間にとって、最も身近に存在するのが舞踊であり、媒介となるのが身体そのものだということです。それゆえ舞踊することは自然なことなのです。なぜなら心臓の鼓動それ自体が躍動し、身体機能と結びついているからです。まさに「血わき肉躍る」ダンス（舞踊）は、人間が存在したことによって生まれたとも考えられています。

2．人のこころは刺激に敏感！

　現代で言う「クラブ」が戦後日本に上陸し、その時勢に合ったダンスホールやディスコといった、ダンスを興じる社交場が流行っていました。きっと踊ることに楽しさを感じたり、ストレスが解消できたり、一汗をかいた後の爽快感などを求めていたのでしょう。

　デパートに行っても、銀行に行ってもＢＧＭが流れ、商店街を歩いていても音が耳に入ってくると、心うきうき、その音のテンポで歩いてしまう。こころが軽くなって、ついつい買い物も余計にして

しまう。軽快な音楽であるほど、自然と体が音楽に合わせていることに気付くことがありませんか。

　自然に体を揺らせてしまう音楽の効果は、癒されたり、元気になったり、音にはこころに大きな影響を与えてくれます。また、道を歩いていて、アスファルトの間から小さな花が咲いているのを見つけた時、「なんでこんなところに！」と、小さな命の発見に驚き胸がキュンとなったり、お誕生日のサプライズにびっくり、プレゼントに跳び上がって喜んだりしてしまいます。

　人はちょっとしたことでも、心に触れれば自然に心を動かされます。気づけばこんなに楽しいことはないでしょう。

感動・感激

　映画や小説で、人や動物たちの絆や愛を感じたとき私たちは胸打たれ、感動するでしょう。
　ハワイ諸島のマウイ島に行ったときのこと、未明の４時にホテルを出発、道路を照らす明かりもない真っ暗な道、ハレアカラ山頂を目指す道路の先に見えるのは満点の星空、もうここから感激！　山頂に着いて太陽が昇るまでの間、寒さと期待に震えながら待ちました。やがて雲は青紫からオレンジへ、そして金色から銀色に、雲海から昇る太陽はまさにダイヤモンドの光を放っていました。その壮大なる美しさに「キレイー！」と心で叫んでいたら涙が出ていました。
　これは、歳のせいでしょうか？　いいえ、人は感情が高ぶれば、自らが発する心の出来事を表出してしまうのではないでしょうか。

もえる太陽を表現してみましょう

イメージをつかんでみよう ➡ P.70参照

2．人と時代で生まれたダンス

1．仕事としての踊り

　原始時代は、狩りに行くとき集落の者が全部同じリズムで踊り、全員が固く結ばれ、結束して出かけます。たくさんの獲物を持ち帰れば、またその成功を祈って踊りました。踊る彼らは真剣でした。これが**狩猟舞踊**です。

　集落の数が増すと、集団と集団の衝突が起こります。食物の取り合いや、いろいろな事件が原因となって戦闘が始まります。実戦に入る前に団体訓練を行い、集落の団結を強め、男たちは一つのリズムにのって勇気を鼓舞するために踊りました。

　今でもアフリカの各地にこの**戦闘舞踊**は残っています。我が国の「久米舞（くめまい）」「吉志舞（きしまい）」「雑賀踊り（さいか）」などは今でも踊られています。

　農作物がよく実るように雨乞いや、太陽がよく照るようにと祈りを込めて踊る。人間ではどうにもできないことを神にお願いする。神の力にすがるのが**祈祷舞踊（きとう）**です。

　病気は悪魔の仕業であるからと悪魔を撤退させる踊り（医療舞踊）や、他人に禍（わざわい）がかかるように行う呪いの踊り（呪詛舞踊（じゅそ））は、敵が病気になるように祈る踊りです。

　種族の繁栄のため、生殖器が尊ばれ神聖視された踊りや、恋愛の唯一の表現である性の踊りなど（性の舞踊）は、男女を結びつけるための踊りで、これらの医療舞踊、呪詛舞踊、性の舞踊などを**魔法舞踊**といいます。

　彼らは真剣に踊りに取り組み、一日の全てを踊りについやし、毎

日のように踊ったのです。

2．娯楽のための踊り

　古代文明国では、魂が肉体と結びつくと娯楽の踊りといわれ、楽しみのために踊りました。中世ヨーロッパでは、農民たちが苦しい生活から逃れるために踊り、また、ワインを飲んで楽しむための娯楽として踊っていました。

　今のフォークダンスの始まりです。また、現在であればストリート系のヒップホップなどが、娯楽性の高い踊りとして挙げられます。

3．神への踊り

　古代文明国では、宗教と精神が結びつき神聖な踊りとなり、教会内では男性しか踊れませんでした。キリスト教会では、僧侶たちが先頭に立って踊り、粛々と儀式が進められました。宗教をとおして踊りは行われ、日本では巫女が奉納のために踊り、今でも続いています。

4．教養や社交としての踊り

　フランスのルイ王朝時代では、貴族の生活において毎夜催される舞踏会に舞踊は欠かせないものでした。踊れることが、貴族など位の高い者の条件の一つでした。日本では、明治の鹿鳴館時代に上流階級の間で外交政策上、導入されていました。

5．教育のための踊り

　古代ギリシャでは、心身の律動的運動だけでなく、音楽や歌詞や演劇と一体になった一つの総合芸術として捉えられていました。ま

た5歳になると舞踊を学習し、情操を高め、想像力を養い、体を鍛えるために踊られました。舞踊が、人間形成に重要な役割があることを古代ギリシャ人は認識していました。

6．芸術としての踊り

舞踊は人間と結びついて発し、現代までにさまざまな踊りが生まれました。自ら踊って楽しむ官能的な快楽の踊りから始まり、観せるための踊りへ、観るための踊りへと、他者が観ることにより楽しむ踊りへと発展してきました。日本では、15世紀中ごろ最初の芸術舞踊として、「伎楽（ぎがく）」や「舞楽（ぶがく）」などが生まれました。20世紀初頭に舞踊は、自由に創作されなければならないという考えをもとに、決められたステップや模倣など、それまでの型にはまった舞踊を否定し自由に踊ることが提唱されました。芸術としての舞踊は、純粋に美を追求し創作された踊りとなり、近代舞踊革命がその発生を有力なものにしたのです。

7．国を治めるために踊った踊り

フランス国王ルイ14世は、幼い時に王位継承しました。若かったので、母が息子の代わりに政権を握っていました。ルイ14世にできることは踊ることで、その踊りを見せることで国を治めました。男性貴族の条件は、乗馬や高いコミュニケーション能力、そして踊れることでした。これらの条件をクリアすると、位の低い人も高い地位に就くことができたのです。

3．ダンスを学ぶと幸せになる

1．想像・創造をすること

　新しいものを創りだすとき、いろいろなことを想像し、イメージを膨らませ、具体的な構想を形作っていきます。ものを創り出し、形にしていく力はイメージを容易に湧かせることになり、創意工夫ができるようになります。

　作品を作る過程で創造力・イメージ力・発想力が豊かになり、まとめる力などを育みます。人間にとって必要なさまざまな能力が育ち、また美を発見する力も身に付けていくことができます。

2．リズム感

　落ち着きがなく、動き回っている自分がいることにハッとしたことがありませんか。ちょっとその場から離れるけれど、またすぐに元の場所に戻り、そんな繰り返しをして「待ち人来たらず」や「探し物」でイライラしたことはありませんか？
　ふと気が付くと、軽快に階段を降りていたことはありませんか。それはもしかしたら、何か楽しいことや、うれしいことがあったのではないでしょうか？　知らず、知らず、その時の気持ちが身体を動かしているのでしょう。こころが感じた時の、そのままの気持ちのリズムに動きを付ければ、そのリズムはダンスの作品になります。あなたの新しいリズムを創り出しましょう。もっとたくさんのリズムを創り出せばそれほど楽しいことはありません。

3．即興能力

　作品を創っていくために必要な力です。瞬間的にイメージしたことで動くことが大切です。このことを繰り返し行うことにより、即興力は向上していきます。即興力があまり無いと思っている人も、繰り返しの中で、少しずつできるようになり、できないと思っているこころ(劣等感)にも次第に自信が生まれます。そのことで、突然の出来事にも即座に対応できる能力が、身に付いていくことになります。

4．観察力

　見たことがある、知っているといっても、本当にそれがどんなものであるのか、事実を知るためには、調べなければ分かりません。また一方向だけでなく、多方面から見たり、考えたりすることで事実を明らかにしていくことは、客観性を育てることになります。ものの見方が広がり、筋道を立てて考えられるようになり、論理的思考力も身に付いていきます。あらためて見直すことで、見過ごしていることに気づき、知識の幅も広げることができるようになります。

　日常生活において、たくさんの出会いや出来事がある中で、真実や良し悪しの判断に迫られることが多々あります。そのような時に観察力が発揮できるようになります。

　作品をつくる際もこの過程が必要不可欠です。

皆さんは、夏ごろに咲く大きな黄色い花が「ひまわり」だと知っています。

太陽に向かって、堂々と咲いているイメージがありませんか？

実は、ひまわりは太陽に背（ガクの部分）を向けて咲いています。一日中太陽に背を向け、太陽光が当たらないように向きを変えながら咲いています。

ちなみに、つぼみは太陽を追いかけ、花が咲くときまで光を浴び続けています。

いろんな方向から観察してみよう

イメージをつかんでみよう ➡ P.70参照

5．空間感

　料理の盛り付けを例にとって説明してみましょう。お皿は舞台で、メインのハンバーグと野菜・目玉焼きとソースを盛り付けましょう。素材の色や配置も考えて、まず野菜をお皿の半分の中央にこんもりと、やや中央の野菜寄りにメインのハンバーグを、その上に目玉焼きをのせて、手前の空いた部分にソースをかけます。演出は、ちょっと赤や黄色の野菜も置いてみてはいかがでしょう。想像してみてください。美味しそうに見えるでしょう。盛り付けが重要なポイントになります。

　あなたなら、どのようにお皿という舞台に、斬新なスタイルの盛り付けを考えますか？

　人は、見た瞬間で刺激をキャッチします。料理も、ファッションも同じです。声や言葉は次で、重要なのは視覚で得た情報なので

す。目で受け取り感じ、そこから「美味しそう」「かっこいい」など瞬時に判断します。

　創作ダンスにおいても同じことが言えます。ダンス作品のテーマに、効果的な人と舞台の配置を見つけると、強く印象付けることができます。ダンス作品も、見た目のふさわしい空間作りを考えていくと、伝えたいことがいっそう印象に残るということです。ますますセンスが磨かれていきます。

　テーマにあった空間づくりはダンスの重要なポイントになります。

　　好きな動きでこころが解放され、爽快な気分がしあわせを感じさせる！
　　美味しく盛り付けられたお料理と自分流の空間づくり、いきいきリズムで生活は豊かに！

空間づくりを考えよう

創作ダンスで伝えたい重要なこと、まだあと８項目あるよ！

4．いろいろな力と可能性

1．こころと感覚の目覚め

　こころが開かれた状態は、何でも感じ取れるアンテナです。心の中にあるものを素直に、自然に外へ出しましょう（表出）。心の解放は感性を豊かにさせるものになります。

2．感性を磨く

　いろいろな対象を見て直感的に感じたことを、他者に伝える。その繰り返しにより、鋭い感性が身につき、同時に情緒も豊かになります。

3．価値観の向上

　新なものへの挑戦は、自分の持つ価値観と他の人の価値観との戦いです。いろいろな事物や気持ちをダンス作品という形にしていくことで、新たな価値の発見に気づくことができます。

4．内面の外面化

　自分の内面にあるものを外に出すことができる。内面を表現することにより、表現する力を高めることができます。

5．コミュニケーションの向上

　グループ活動で、他の人と意見交換することにより、互いの良さや価値観を知ることができます。人とのつながりが、いっそう楽しくなり、自分を知ることができ、信頼や仲間の絆も深めることができます。

6．社会性の養成

いろいろな人との関わりの中で、人とのつながりや、人への気遣いが身についていきます。

7．自己を発見する

刺激がこころへ想像を湧かせるチャンスを与え、新しい一面が創りあげられ、新たな自分を発見することができます。

8．心身の発達と調和

ダンスの作品制作過程はコミュニケーション能力を高め、作品発表は達成感と感激を与え、よりいっそう健康な心身を育てることができます。

見た目からアップ

あなたは、人に出会ったとき、まず何を見ますか？
人は、見た目から瞬時にいろんな情報をキャッチします。
声や言葉や説明は次で、重要なのは視覚で得た情報なのです。第一印象が優位に働きます。
見る方も、見られる方も、誠実な態度で個性を豊かにしていくことが大切です。

ダンスで磨きをかけましょう

勇気・自信・積極性・協調性・主体性・客観性・創造力
空間感・リズム感・即興能力・コミュニケーション能力

II

創作ダンス実践編（1）

1．創作ダンスの特性と目的

1．特性

　創作ダンスは、身体運動が伴うことで、健康で美しい身体と豊かな創造性を養います。生活経験など、心に残った印象や感激を身体運動でリズミカルに表現し、踊る表現活動です。

　ダンス以外の芸術、たとえば絵画や彫刻、文学、音楽、建築などは、絵の具や木、石、紙、粘土、文字、楽器などで表現します。しかし、ダンスでは自分の身体が材料で運動を作り出します。そこが他の芸術とダンスの異なる特性となります。

　音楽をダンスに例えると楽器は身体で、そこから出る音は運動になり、音楽はその音で曲を創りますが、曲はダンス作品にあたります。すなわち、体一つで何でも表現できるということが、ダンスと他の芸術と違うところです。

2．目的

　創作ダンスの作品制作過程では、作品をつくるために動きのデッサンや即興、空間作り、運動のリズムなどを学習し、作品制作に

入っていきます。しかし、作品制作に入る学習のところまででも、ダンスの目的に適っていると言えます。創作ダンスは、創って、踊って、発表(鑑賞)する。その一連の流れを体験することで、ダンスの目的が達成されます。

　その過程において、自分が経験や体験により、感じたり考えたりしたことをリズミカルな身体運動により、一人または集団で表現することで、創造性や心身の調和のとれた発達を育むことを目的としています。

> **三つ揃って目的完了**
>
> 創る ➡ 創造性　リズム感　空間感
> 踊る ➡ 調和のとれた身体の育成
> 観る ➡ 鑑賞能力　客観性　観察力　　など

3．具体的目標

1）創造性

　新たなものを考え創り出せるようになる。想像や考えが新しいものを創りだすもとになる。新しいリズムや空間、事物の特徴を捉え、新しい運動を工夫して創れるようになること。

2）空間感

　例えば、舞台の全面を使えば活気があふれて見え、すみの奥を使えば潜んで見えるし、空間を限って使えば制限された動けない感じを表せる。テーマに合った空間の使い方でテーマの効果が上がる。空間の使い方を学び空間感を養う。

3）リズム感

我々は、日常の活動や仕事、スポーツ等の動作を動きやすく、自然にリズム化してしまう能力を持っている。ダンスの中では、テーマに合った運動のリズムを創り出し、そのリズムで運動の流れやまとまりを創れるようになる。

4）客観性

物事を一方的に考えず、立場や場合、あり方、信憑性（しんぴょうせい）など、あらゆる場面から検討し、本来の方向性を見出（みいだ）すことができる。

5）即興能力

イメージしたことを瞬時に自由に動けるようになること。作品に必要な過程であり、具体的な姿、形、動き、感じをリズミカルな運動に変えていくことができるようになる。

6）観察力

一面を見ても本来の姿は予想もつかない、あらゆる面からそれは何であるのか、どんなものなのか見つけ出せるようになる。言い換えれば、どんな特徴があるかを見つけられるようになる。

7）まとめる力

流れのある短いひとまとまりや、作品の内容を構成し全体の流れのなかで、伝えたいことが表されるようになる。4単位、6単位など作品をまとめる時間的な形式を知り、作品をまとめられるようになる。

これらは創作ダンスの評価の項目にもなります

2．授業の進め方

　指導者は先頭に立ち見本を見せましょう。授業をするにあたって、重要なことは、「私は、下手だから」とか「できないから」などと思っている方は、「私は下手だけど見本を見せます！」と言って、自身からしっかりと見せてください。上手くできることがいいことばかりではありません。上手いにこしたことはないですが、何もかもできるものではありません。特にダンスは恥ずかしがらずに見本を見せてください。指導者は「一生懸命にやる」ことが、受講生たちの共感を得られ授業はうまく進みます。

　ダンスの授業計画としては、いくつかの教材を取りあげて指導案を提案をしていきます。参考にしていただき自分流に工夫していただければと思います。

拍数が運動の長さ

ダンスの場合の長さは拍数で表します。
秒数ではありません。

 8拍の長さ　①・②・③・④・⑤・⑥・⑦・⑧
16拍の長さ　①・②・③・④・⑤・⑥・⑦・⑧　②・②・③・④・⑤・⑥・⑦・⑧

教材1 「ころがる動きをつなげてリズムパターン作り」

　単元計画6時間分の1時間目を指導案にしてみました。

　教材1（P.30参照）のころがる動きは、1回転を4拍の長さや1回転を2拍の長さとし、ころがる時間の長さは自由に決めます。ポーズは、2拍の長さを使ったり、1拍でポーズを決め、2拍目はそのポーズで静止をします。また、4拍の長さを使ってポーズを作ったり、時間の使い方で変化を出します。例えば、腕を回すのに2拍の長さで回すのと、4拍の長さで回すのでは、全く印象が異なります。ころがってポーズ作りを繰り返してみましょう。

● 8拍の短いまとまり
　例1）ころがる（①②③④）＋ ポーズ（⑤⑥）＋ 静止（⑦⑧）
　例2）ころがる（①②③④）＋ ポーズ（⑤）＋ ポーズ（⑥）＋ 静止（⑦⑧）
　　　　　　　　　　　　　　　└─ 2個のポーズを連続で行う

共通）ころがる（①②③④）
1回転 or 2回転

例1）ポーズ（⑤⑥）＋静止（⑦⑧）　　例2）ポーズ（⑤）＋ポーズ（⑥）＋静止（⑦⑧）

　　8拍の短いまとまりをポーズを変えて何回か続けましょう

● 4人で工夫してみましょう。16拍のまとまりある長さ

例) ころがる (①②) + ポーズ (③④) + ポーズ (⑤⑥) + 立つ (⑦⑧) + **移動** (⑧)

違う場所に移動

2人は下手側

ころがる (①②) + ポーズ (③④)

2人は上手側

ポーズ (⑤⑥)

立つ (⑦⑧) + 移動 (⑧)

以上の16拍のまとまりの動きを場所とポーズを変えて
何回か続けましょう

教材2 「あ・い・う・え・お」のデッサンで動き作り

　単元計画5時間分の1時間目を指導案にしてみました。

　教材2（P.31参照）の「あ・い・う・え・お」のデッサンは動き作りの初歩です。ひらがな、カタカナ、ローマ字など字の形を真似することから始め、つなげていくと動きになっていきます。また字のもつイメージを浮かべて動きにしても面白いでしょう。

　大きな声を出してポーズすると、元気いっぱいに大きく動くことができます。積極性が増し、恥ずかしさも軽減されていきます。

「あ・い・う・え・お」のポーズ

　　次ページの資料は、教材の単元計画として最後に載せてあります。
　　これらの教材は、作品作りに必要な学習であり、小作品の積み重ねにより、大作となる作品制作に取りかかります。しかし、教材での小作品を作ることだけでも、創作ダンスの目的を十分果たすことになります。自らの力で動きを作ることができ、それは創作ダンスの意義と目的が伝わり、感激と達成感を味わうことができるからです。

教材1の指導案1　ころがる＋ポーズ＋移動運動とリズムパターン

本時の目標		モティーフ（8拍、16拍）の、短いまとまりのある動き作り（リズムパターン）ができるようになる。	
導入	10分	集合・点呼	
		準備運動	
		①こころ脳ウォーミングアップとストレッチングを行う。	見本を見せながら行う。
展開	4分	ころがる運動	配置は自由でよい。
		ころがる＋ころがる＋ころがる…… ②方向を決めて右へ8拍で2回転（ごろごろごろごろ）、左へ8拍（ごろごろごろごろ）する。 指導者は指示をする 「右へ1回ごろごろとまわりましょう」 「次は、左へ2回まわりましょう」 4拍で1回転や2拍で1回転する。長さを変えてい行う。	配置は4列横隊でもよい。 8拍のあいだでころがる回数を決め、2～3回繰り返し行わせる。 指導者はカウントを取る。 隣にぶつからないように行わせる。 カウントに合わせて行わせる。 カウントでなれたら、音に合わせて行わせる。 伴奏音：ネイチャーシンフォニー 　　　　神山純一 　　　　自然からのおくりもの 　　　　VICG-41153
	4分	ころがる＋ポーズ	
		③ころがる（4拍）＋ポーズ1回（4拍）	8拍でまとめて、繰り返して動かせる。
		ポーズは自由に行う。	㊟リズム：まとまりを感じるパターン、静止することも動きの一つであることを知らせる。
	4分	④ころがる（4拍）＋ポーズ（2拍）＋ポーズ（2拍）	見本を見せる。
		ポーズを2回続ける。	2つの違うポーズをさせる。
			㊟動き（個運動）：さまざまな高さでのポーズをさせる。（床から背伸びの高さ）
	15分	⑤ころがる（2拍）＋ポーズ＋ポーズ＋立つ（6拍）＋移動（8拍）	見本を見せる。
		カウント読みながら行う。	伴奏音のテンポに合わせて行わせる。
			㊟モティーフ（16拍）：中くらいのまとまりのある動きが作れる。
	10分	グループ分け　4人から5人組	
		グループで発表　伴奏音をつける。 5人それぞれが考えた動きを同時に発表する。	㊟発表は4人から5人で行うということで、5人の作品ということではない。
		発表の動き：ころがる（2拍）＋ポーズ＋ポーズ＋立つ（6拍）＋移動（8拍）を2回繰り返し最後ポーズで止まる。	
整理	3分	次回はグループで作品としてまとめていく	

単元計画5時間のうち1限目を指導案にしてみました。
※指導者は必ず「ころがる＋ポーズ」のいろいろな見本を見せてください。

教材2の指導案2　「あ・い・う・え・お」デッサンと動き作り

本時の目標		いろいろな形の「あ・い・う・え・お」のデッサンから、モティーフのもとになる動きが作れるようになる。	
導入	15分	集合・点呼	
		準備運動	
		①こころ脳ウォーミングアップ	見本を見せながら行う。
		②移動を伴うステップでウォーミングアップ	下記のフロア図の移動の方法で行う。
		●ウォーキング ●スキップ ●ツーステップ ●ポルカステップ ●サイドステップ ●ステップとターンの組み合わせ	伴奏音を利用しカウントを取りながら行わせる。伴奏音は、アップテンポの曲でもよい。タンバリン・たいこ等でもよい。
展開	20分	「あ・い・う・え・お」のデッサン	
		声を出して「あ・い・う・え・お」の面白いポーズを作る。「あ」から順に行う。⑦から8拍ステップで移動し中央で4拍で「あ〜」と言い8拍で①へ移動する。	見本を見せる。「あ・い・う・え・お」の字を（カタカナ、ひらがな）の形を身体でデッサンする。面白いポーズを作らせる。
		スタートライン ⑦ 8拍で中央へ ① 4列縦隊 「あ〜」と言いながら「あ」のポーズ後移動	身体をねじったり、曲げたり、高さを工夫し独自なポーズを考えさせる。
			他の人と違うポーズをさせる。
			しっかり大きな声を出させる（大きい声の方が恥ずかしさが消れていく）。
		「あ・い・う・え・お」の動き連続	「あ・い・う・え・お」の動きを忘れていても新たに作り作り動かせる。
		「あ・い・う・え・お」を連続して動く	
		①から8拍移動　中央で「あ〜おの連続」を8拍で動き、8拍で⑦へ移動する。	
	8分	発表のための練習	
		移動8拍＋「あ・い・う・え・お」（連続）＋移動8拍「あ・い・う・え・お」の連続を練習する	
整理	5分	グループ分け　5人組	発表は5人で行うということで、5人の作品ということではない。発表する場所（舞台）を決めて、お互いに観賞しあうようにする。
		グループで発表 それぞれが考えた動きを同時に発表する。	
		発表の動き：ステップで移動8拍＋「あ・い・う・え・お」（連続）8拍＋ステップで移動8拍	
	3分	次回はグループで作品としてまとめていく	

3．創作ダンス作品制作の過程

1．テーマを決定

　創作ダンスの作品作りの過程を、例をあげて順に説明をしていきます（P.84の**確認A表**を利用してください）。

　作品を作るために、これまでの経験や体験（題材）、いろいろな出来事を取り上げていき、その中から作品にしたいことを一つ選びイメージしていきましょう。選んだ内容の感激や感動、考えた（主観的発想）いろいろなことを話し合います。

> **ブレイン・ストーミング**（話し合い）
>
> 意見交換の中で……
> 　　いろいろな考え方、ものの見方ができる
> 　　コミュニケーション能力向上、豊かな発想力
> 　　客観的にとらえる力を育てます

　テーマを決めやすくするために、自分たちが経験や体験したことがある、身近で考えやすいものを題材として提案してみることもよいと思います。

《題材の例を具体的に挙げながら説明します》
　　大テーマとして「四季」を題材に
　　四季は、春・夏・秋・冬です。それぞれの季節を表現すること

で、四季を表していきます。

中テーマが「春」「夏」「秋」「冬」

それぞれの季節を考えると、どんなことが思い浮かびますか？
四つの季節のイメージを具体的に挙げてみましょう。

小テーマへ（小テーマは作品の題名にもなりえます）

夏
花火　海水浴
入道雲　熱帯夜
ひまわり　夕立
太陽……など

春
さくら　日向ぼっこ
そよ風　小川
たんぽぽ
春一番　春うらら
……など

四季

秋
紅葉　みのりの秋
ハイキング
秋祭り　十五夜
花より団子
……など

冬
雪　木枯らし
雪合戦　樹氷
クリスマス
お正月　氷
……など

例）「クリスマス」を題材として考えた場合
　　トナカイ・雪・プレゼント・サンタクロース・クリスマスツリー・街のイルミネーションなど、イメージを広げることができます。

作品にしたい小テーマをひとつ選択しましょう
決まったら第1段階終了です。次へ進みましょう

2．イメージをふくらませよう

　作品を作るときに大切なのはイメージです。イメージは作品を作るときの運動のもとになるものです。
　イメージは、はっきりとした具体的なもので、ぼんやりしたものではありません。イメージについて、しっかり話し合いましょう。

　例えば中テーマの「春」から、小テーマで「さくら」を作品にすることに決めましょう。
　さくらのことはよく知っているでしょう。しかし、作品にしていくのに、何をどのようにすればよいか悩みます。また、どうやって運動を考えていいのかよく分らないですね。そこでイメージすることが必要で重要な過程になってきます。
　では、「さくら」をイメージしてみましょう。
　　入学式、とてもきれい、ピンク色の５弁の花、花吹雪
　　葉っぱがない、花一輪もさくら、木の枝に直接花が咲く
　　桜の木の下でお花見、花吹雪、花見団子、花見酒
　　満開に咲いた桜の花はもこもこと木にいっぱい
　　風が吹くとひらひら舞い落ちる花びら、花びら茶
　　一輪の花が初恋を思い出す、桜並木　などなど

> イメージをあげたら次に進みましょう

3．作品から伝えたいことを決めましょう

「さくら」をイメージしたところから、作品を観て、感じてほしいこと、伝えたいことを決定します。これを、作品のモティーフと言います。では、「満開に咲いた桜」を取りあげてみました。

そこから、伝えたいことを「満開に咲いた<u>桜の花の美しさ</u>」で表現することにしましょう。感覚的な捉え方で、<u>桜の花の美しさは感覚表現</u>になります。

　　題名は……「さくら」
　　作品のモティーフは……「満開に咲いた<u>桜の花の美しさ</u>」
　　表すために……………桜の花になって運動を作ります。
　　群舞で５名から６名の人グループで作ってみましょう。

> 　人数が多いと、意見がまとまらずに、特定の人ばかりが先行し、なかなか動けない人や動かない人、作品作りに参加しにくい場合が起こったりします。グループ分けは重要なことになってくるので、その場に応じた良い方法を選びましょう。

作品のモティーフの いろんな見方・考え方

　同じ題材からいくつかのモティーフを考えることができます。スポーツを題材に挙げてみましょう。スポーツというと仲間、勝利、技、ゲーム、観戦者などが考えられます（イメージ）。
　仲間がいたからスポーツも楽しいと感じたり、仲間割れがあったり、仲間の在り方を考える思想的な捉え方でいくと、作品のモティーフは「仲間の大切さ」になり、試合に勝った時の喜びを捉えると、作品のモティーフは感情的な表現で「スポーツの楽しさ」「勝利の喜び」であったりします。また、観戦している人の、勝って喜んでいる、応援が楽しそう、負けている時の悔しさを選手と同じように感情的に表現することもでき、作品のモティーフは「応援の楽しさ」を表現、さらにスポーツの技を、群で運動を面白く見せるなど、感覚的な捉え方で、そのスポーツの運動を面白い運動で表現することもできます。作品の運動はスポーツ種目から一つ選んで、そのスポーツの技を取り入れて、運動に変えていきましょう。得意なスポーツを作品にするのもいいですね！

伝えたい作品のモティーフが決まったら、第２段階終了！

４．作品の流れを考えましょう

　表したいモティーフを、どんな流れで作品の構成をすればよいかを考える必要があります。
　今回の作品「さくら」を「満開に咲いた桜の花の美しさ」を表す

ために、どんな内容で進めていけばよいか、ということを決めていきます。

> ここで、作品の流れを考えるのに、
> 作品をまとめる方法から見ることにします

作品制作のために、何をどのように進めていくのか**確認Ａ表**を使い、作品で伝えたいモティーフや、作品の展開、運動づくりなどの項目をチェックし確認しながら進めましょう。

P.84参照

5．作品のまとめ方

　作品をまとめる方法には４単位形式、６単位形式などがあります。６単位形式は４単位形式よりもフレーズが増えるため、代表的な４単位形式の説明をしましょう。

　４単位は、それぞれＡ・Ｂ・Ｃ・Ｄフレーズで構成されています。起承転結とも言われ、このフレーズの内容のあり方で考えると簡単です。

　　Ａ「起」：伝えたいことの始まり
　　Ｂ「承」：Ａ「起」を強調させる展開（展開＝変化で運動、空間、リズム）
　　Ｃ「転」：伝えたいことを印象付けるためのコントラスト（内容、運動）
　　Ｄ「結」：Ａ・Ｂの動きを印象強くし、伝えたい内容の終わり方

ほとんどの作品に代表的な4単位を使うことが多いです。
今回の例の「さくら」も4単位でまとめることにします。

4単位に従って「さくら」の流れを考えていきましょう。
　　A：つぼみからさくらの花が咲いていく様子
　　B：たくさんの枝に咲いたさくらの花が満開になっていく様子
　　C：はなびらがひらひらと風に舞う花吹雪の様子
　　D：大きなさくらの木に咲き乱れ満開になったさくらの様子

こういう流れで「桜の花の美しさ」を表現してみましょう。
流れが決まったら、第3段階終了！

6．運動づくり

運動のモティーフ（表現したいさくらの運動）は、作品の動きのもととなるものの姿、形からその特徴を運動に変えることです。
では、「さくら」の運動になるものを考えていきましょう。

まず、さくらの特徴を挙げてみよう。
　　特徴は：ピンク色の5弁の花、花一輪もさくら、華やか、しあわせ、優しい感じ、一輪の花が集合して咲いている、満開になると桜の花は樹にいっぱいになる、風が吹くとひらひら舞い落ちる、美しく散るはかなさ、風に舞う花びらの花吹雪　など
　　運動は：花の形を作ったポーズ、咲いたり閉じたりの運動、風に揺れる花の様子の運動、まだ閉じているつぼみ、ひらひらと

創作ダンス作品制作の過程————39

風に優雅に舞う花びらの運動、いきいきと咲いている感じの運動、やさしい感じの運動、大きな木に花がいっぱい咲いている様子の運動　など

　実際に、樹が風に揺れているところや、どのように咲いているかを調べ、また観察することによって特徴を捉え、その特徴を動けば運動が生まれてきます。
　それらは絵に書くときの、デッサンをするということと同じです。

絵画的にみるとダンスの場合は紙が空間で、絵の具が身体になります。

空間に絵という運動を描いてみましょう。

　ここで紹介しているのは、一例です。あくまでも参考なので、いろいろな運動を工夫し、オリジナルな動きを目指してください。
　また、それぞれの作品に合った内容の流れの工夫や、新たな展開を考えていってください。

桜の花　5弁

7．作品に必要な運動を作りましょう

　では、実際に「さくら」の運動を作っていきましょう。

はじめに基本になる、さくらの花の動きのモティーフ16拍を作ります。

特徴の５弁の花の形や風に揺れるさくらの動きをまねて作ります。

さくらの動きを「あいうえお」に置き換え分かりやすくしました。本来の運動は、８拍で短いまとまりを作るのですが、組み合わせを考えることができるので４拍で細かく示してあります。

あ：花が開く４拍（腕と体をうまく使って）or 開いている状態
い：花が閉じる４拍（腕と体をうまく使って）or 閉じている状態
う：木が揺れる４拍（全員同じ方向に揺れる）
え：移動４拍（軽い感じで小走り）
お：静止４拍（その時のポーズで）
か：跳ねる４拍（２回連続跳のつなぎの動き）
き：二つの連続ポーズ（華やかな感じの動き）

組み合わせていくつかの運動のモティーフを作りましょう！

あ：花が開く４拍（腕と体をうまく使って）or 開いている状態

４拍で開く

創作ダンス作品制作の過程―――41

い：花が閉じる4拍（腕と体をうまく使って）or 閉じている状態
あの開いたところから閉じていく。

4拍で閉じる

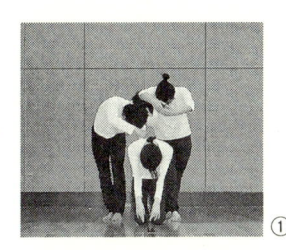

う：木が揺れる4拍（全員同じ方向に揺れる）

4拍で揺れる

え：移動4拍（軽い感じで小走り）

お：その時のポーズで静止4拍
か：跳ねる4拍（2回連続跳でつなぎの動き）
方向を変えて跳ねる。

かきのポーズ、動きは、
Bフレーズで変化させた
時にこの動きを使う。

き：二つの連続ポーズ（華やかな感じの運動）

① ②

上記「**あいうえおかき**」それぞれ4拍の動きを
つなげてみましょう

● 桜の動き

「**あ**・**い**・**あ**・**お**」でさくらの花が開たり閉じたりする動きのモティーフ16拍にまとめます。動きは座位の高さ、膝をついた高さ、立った高さなど高さに変化を付けましょう。この動きはメインのさくらの花の動きとします（個運動）。風に揺れる**う**・**う**8拍の運動をつなげましょう。

● 移動運動

小走りで腕に動きをつけて、**え**小走り4拍、ターン4拍で8拍にまとめましょう。花びらが風に舞っていく感じの動きでまとめます。

● 華やかな動き

かと**き**を上手につなげて8拍で動いてみましょう。跳ねる2拍で1回、ポーズ二つを組み合わせましょう。さくらの華やかな感じでまとめます。Aフレーズ「起」華やかな動きは図C①②③④に示す。

さくらを構成する数個の運動ができたら第4段階終了！

8．4単位形式で作品をまとめましょう

　実際に「さくら」を作品にまとめてみましょう。AからDへだんだんと満開に咲き乱れるさくらを作品にまとめましょう(P.85の確認B表を利用してください)。

　Aフレーズの流れを「5人の場合」の例で考えてみました。

　　舞台では、はじまりの位置「板付き」をAにします。

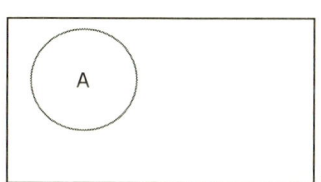

　　　　　　　　　　　　　　　　　舞台では「板付き」と言います

　5人の配置を考え1本の木になりましょう。

　Aの場所でさくらの咲き始めを動きます。

　　　自分の番号を動くことにより、長い流れのまとまりあるAフレーズになっていきます。

　　さくらが咲く動き：**あ**と**い**と**お**で40拍まで
　　さくらが風に揺られ、移動をはじめ：**う**と**え**で24拍まで
　　Aフレーズ後半、華やかな運動：**え**と**か**と**き**と**あ**と**い**と**お**で64拍

　群舞なのでモティーフを分解して動きます。

　次の例で動いてみましょう。

例「5人の場合」Aフレーズを順に動いてみましょう。8×16＝128拍

お：Aの位置で、始まりのさくらの花が閉じているところで静止状態
①おあいあいあいあいあおうううううえええかきかきかきえええあおいおおお
②おおあいあおいあいあおうううううえええかかきかきえええええあおいおおお
③おおあいあおいあいあおうううううえええかきかきかきえええええあおいおおお
④おおあおいあいあいあおううううううえええかきかきかきえええええあおいおおお
⑤おおあいあいあいあいあおうううううえええかきかきかきえええええあおいおおお

● Aフレーズ「起」（つぼみからさくらの花が咲いていく様子）

　5人グループ（①②③④⑤）で、つぼみがたくさんついている木の枝をポーズで作る。花が開いたり、閉じたり、一人、二人と時間差をつけて行ったり、全員で一斉に合わせて動いたりする。

1．Aの位置で、お5人の配置を考え1本の木になり板付きになる
　静止は8拍でも16拍でもよい。あといとおの運動40拍動きます。

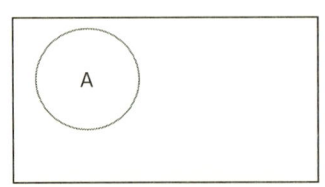

さくらの花になりきって動きましょう

咲く

Aの位置で始まり

2．風に揺られ、移動をはじめる図Aから図Bへうとえの動きを24
　拍まで動く。

図A　　　　　　　　　　図B

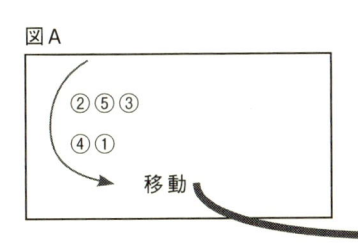

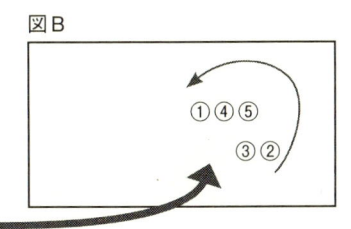

3．Aフレーズ後半は、華やかな動きAを行う。

図C⇐の方向へえとかときの運動を行いながら正面斜め前方へ移動し、えの移動運動で図Dのように二つに分かれあといとおまでの64拍の運動を行う。華やかな動きAは図C①②③④。

図C

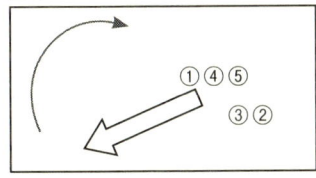

図D⑥（Aフレーズの最後）

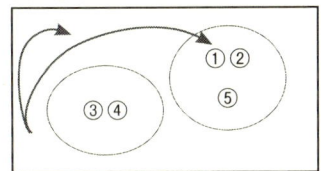

図C①　始まり

Aフレーズ最後の移動した二つの枝の、舞台空間はア・シメトリー・バランスという形式になります。

図C② 　　　　　　　　図C③

図C④　最後

図D⑤へ移動

図D⑥（Aフレーズの最後）

　Aフレーズができれば、後は変化や発展をさせていくだけでよいのです。

Aフレーズができれば第5段階終了！

　Aフレーズができたところで、Bフレーズの変化発展のために、作品制作の**確認B表**を使い空間、運動、リズム、群の使い方を工夫するため、項目をチェックし確認しながら進めましょう。

P.85参照

● Bフレーズ「承」(枝に咲いた花が満開になっていく様子)

　Bフレーズは、Aフレーズとまったく同じでもかまいませんが、面白くするには、Aを印象付けるために発展させインパクトある運動、空間、リズムの変化をさせてみましょう。

　Aの最後に空間の配置(図D⑥)は変化されているので、Bフレーズの二つの枝のさくらをAと同じあ・い・おの動きを行い、続いてAフレーズと同じようにう・え・か・きの運動でBフレーズの後半へと続けます。ここからCフレーズに入りやすくしていきます。

動きのポイント！

リズムの変化で運動の発展をしましょう

4拍で咲く(開く)さくらを1拍目でアクセント(強)を付けて、パッと咲き3拍静止し、4拍でゆっくり閉じると華やかな感じになっていきます(咲き方は自由に変化させましょう)。

1. 枝に咲いたさくらのあといとおの運動40拍から、さくらが風に揺られ、移動はじめるところのうとえの24拍まで二つに分かれた状態で行う。

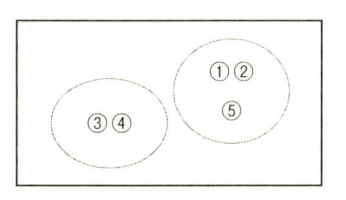

2. 続いて、Aフレーズと同じようにえとかときの40拍を動くが、Aフレーズの位置と反対の位置から斜めに動いていく。

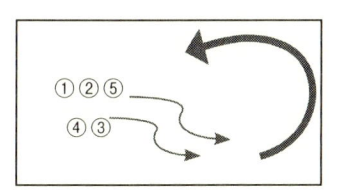

3. その後、全員がやや中央に集まり、1本の樹となり、パッと咲く動きを5人の時間差でパッパッパッパッと咲いて(リズムの変化をつけて16拍)花びらがひらひらと舞台全体に散っていく(8拍)。ここまでをBフレーズの終わりとします。

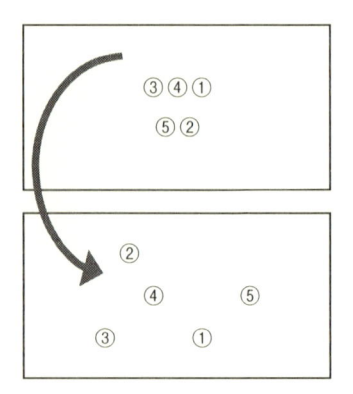

Cフレーズの花吹雪のコントラストに入っていきます。BフレーズからCフレーズへ入るのに、見た目に、自然に入っていくように動きましょう。

● Cフレーズ「転」(花びらがひらひら風に舞う様子)

Bフレーズの最後に舞台全体にひらひらと花びらが散り、コントラストではオリジナルの動きで、一人一人が花びらになり、舞台の空間いっぱいに花吹雪の美しさを表現していきましょう。

ひらひら舞う花びらの運動をオリジナルな動きで自由に動いてみましょう。くるくる回ったり、転がったり、花びらの動きを腕や足も使って動きを作ってみましょう。

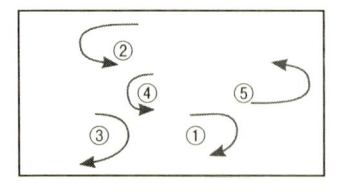

Cフレーズ①

創作ダンス作品制作の過程　　49

　コントラストを32拍動いた後はDフレーズに入るために、くるくる回ったり、跳ねたりの動きを16拍動きながら●の位置に移動していきます(一人や二人同時に移動をはじめる工夫をする)。
● Dフレーズ「結」(大きなさくらの木に咲き乱れ満開になったさくらの様子)
　Aフレーズの流れを逆から行う。Bフレーズの華やかな動きから行い、最後のまとめは、舞台の中央で始めの花が咲いたり、閉じたりする動きで咲いて終わる。

　桜の花が開く動きにアクセントやリズムを変化させまとめていく。最後は満開に咲いたさくらの樹で美しく咲きましょう。

　●の位置に集まり花びらが風に流され、流れた花びらが舞台の中央に集まり大きな一本の木のさくらになる。

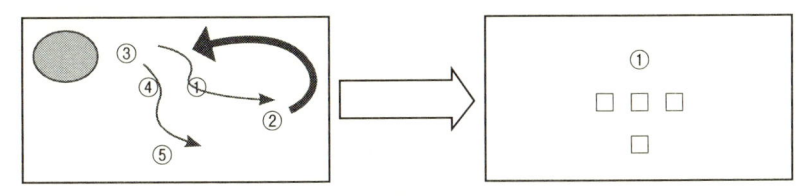

Dフレーズ①

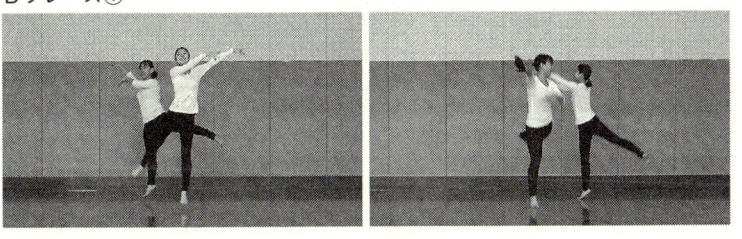

Dフレーズ②

Dフレーズ③

Dフレーズ④　最後のさくら

まとめる力を育てる
論理的に進められ、価値観を高められる

4. こんなことも知っておこう！

1. 舞踊の形式

　この地球上のすべてのものに形式があります。リンゴの木にミカンがならないのはリンゴの形式があるからです。芸術においても絵画、音楽、建築など、それぞれに形式があります。舞踊にもその形式があります。これらを美の形式や美の法則といわれ、形式は変化し、また新たな形式を作っていくものです。身近なもので例えば、当然「赤いイチゴ」のはずが、交配を重ね「白いイチゴ」が作られています。新しいものを創り出すために、あるものを打ち破り、新しい形式を創っていくのです。そのために形式を知ることが重要になってきます。

2. 空間的形式

1) シメトリー

　シメトリーは舞踊だけでなく建築や絵画などにもみられます。
　舞踊では、舞台の空間を二つに分けて左右に同じ形や動きが起こることです。
　この美しさは、安定感があり完成さにあります。しかし変化がないため単純な感じに見えることもあります。

　　同時性シメトリー：同時に左右に対称な動きが起こること。
　　異時性シメトリー：時間が異なり対称な動きが交互に起こること。
　　ア・シメトリー：シメトリーではなく左右のバランスがとれている。
　　　　　　　　　　モビールのように、ばらばらなのにつりあっている。

シメトリー① 3人で　　　　　　シメトリー② 5人で

シメトリー③ 6人で

ア・シメトリー① 3人で

ア・シメトリー② 6人で

こんなことも知っておこう！ ——— 53

「モビール」 つりあいが取れている

「シメトリー、ア・シメトリー」
この形式を使って作品を作ろう

まず、シメトリーなものを挙げてみましょう。
打ち上げ花火　万華鏡　宇治の平等院　モビール　など

シメトリー　「宇治の平等院」

ア・シメトリー「モビール」

2) バランス

　左右の空間で起るポーズや動きがシメトリーではなく、バランス（均衡）がとれていること。

　　　　アン・バランス：舞台全体から見てバランスがとれていないこと。
　　　　　　　　　　　舞台が片方に傾いているように見えること。

バランス①　5人で　　　　　　　　バランス②　3人で

アン・バランス①　3人で 　　　　アン・バランス②　5人で

「バランスとアン・バランス」の空間を
作ってみよう

5〜6人のグループでポーズを考えて作ろう。
好きなポーズ二つか三つ使ってやってみよう！

3) コントラスト

見た目が全く違う相反するポーズや動きで、同時に表れることにより、その効果が発揮される。

〈コントラストのいろいろ〉
　高い—低い、狭い—広い、円—角、長い—短い、重い—軽い
　速い—遅い、弱い—強い、鋭い—鈍い、直線—曲線、太い—細い

コントラスト　高い—低い

直線—曲線

「コントラスト」を作ってみよう
4〜6人のグループでやってみよう！

3．時間的形式

●カノン形式
カエルの歌と同じように、2拍、4拍動きをずらして動いていく。

　　　　カエルの歌が聞こえてくるよ
　　　　　　　カエルの歌が聞こえてくるよ
　　　　　　　　　　　カエルの歌が聞こえてくるよ

●ロンド形式
決まった動き「あ」の運動の間に違う🄐🄑…の動きを挟んでいく。

　　　　あ🄐あ🄑あ🄒あ🄓あ🄔

●4単位形式（P.37の「作品のまとめ方」参照）
　A：伝えたいことの始まり
　B：Aを強調させる展開（展開＝変化で運動、空間、リズム）
　C：伝えたいことを印象付けるためのコントラスト（内容、運動）
　D：伝えることを印象付けるためのふさわしい終わり方

●6単位形式（4単位がより長くなったもの）
　A：伝えたいことの始まり
　A'：展開＝変化で運動、空間、リズム
　B：BはAを強調させる展開
　B'：展開＝変化で運動、空間、リズム
　C：伝えたいことを印象付けるためのコントラスト（内容、運動）
　D：伝えることを印象付けるためのふさわしい終わり方

4. デッサンで動きづくり

　作品の動きを創るとき、どんな運動を創ればいいのか分からない、難しいと多くの人が感じています。デッサンは作品の動きを創るとき、初めの段階に必要な学習内容です。作品で取り上げた題材の、事象や事物がどのようなものなのか調べ、また動きや形の観察を通して特徴を見つけ、その特徴を運動に作り替えていくことです。「創作ダンスの制作過程」の「運動づくり」(P.38参照) で詳細を説明しています。デッサンの練習は、具象的なものから始めて、抽象的なものへと進めていきます。下記から取り上げてデッサンしてみましょう。

題材例

具象的…形があり動くもの

動物	人間	自然物	物体
ねこ・いぬ	特定の人物	雨・かみなり	自転車
鶏・かまきり	おまわりさん	川の流れ	ブランコ
はと・イルカ	校長先生	風に揺れる樹	エレベーター
かえる・クモ	こども	波・雲	トラック
ゾウ・蛇	商人	太陽	バイク

具象的…形はあるが動かないもの (題材例)

　イス・体育館・空・高速道路・ビルディング・グランド・山・ピアノ・すべり台・墓地・海

抽象的…形も無く見えないもの (題材例)

感覚的 五感で感じるもの	感情的 心で感じること	思想的 自分の考え
暑さ・寒さ・明るさ	うれしさ・悲しさ	平和・勝利・親和
甘さ・にがさ・冷たさ	のどかさ・苦しさ	正義
重さ・暗さ・鋭さ	恥ずかしさ・楽しさ	

5．リズム・拍子・テンポ

1）リズムって？

「流れ」や運動の「秩序」といわれ、長さの違う動きがいくつかつながり、動きのどこかに、強弱のアクセントを付け、まとまりを感じさせる、これが「流れ」ということでリズムパターンとなるのです。

　リズムは、動きの強弱長短の組み合わせであり、パターン化したものを繰り返すことでリズムが生まれます。パターンの長さは基本8拍、16拍で作ります。

2）拍子って？

　4拍子、ワルツの3拍子、行進曲の2拍子のことです。小節にいくつ四分音符があるのかということです。

3）テンポって？

　速さを示す語句。

　楽譜の左上に♩＝60と記してあるのは、1分間に4分音符が60個あるということです。♩＝120であれば1分間に120個の4分音符があります。♩＝60より♩＝120の方が、テンポが倍の速さになります。メトロノームを使うと一定のテンポ（速さ）を確保できます。

リズムとテンポ、どう違う？

　よく間違えるのは、リズムとテンポを混同していることです。音楽を流して動くときに、「音楽のリズムに合わして！」とか「リズムをよく聞いて」などと言っていることがあります。これは「音のテンポに合わして」ということだと思います。

　リズムは、小節の拍数を使い、8拍の中でリズムを作り、どんなテンポで動くかということです。

III
創作ダンス実践編（2）

1. まず、はじめに！

　ダンスを好きな人はより気持ちよく、そうでない人はゆったりと大きく「肩」から「腕」と「体」と呼吸を合わせて動かしてみましょう。
　からだをほぐす運動は肩からです。

「こころ脳ウォーミングアップ」

肩と腕その周りの筋のストレッチング
1. 肩幅に開いて立ちましょう。
2. 両肩を上にギュー4拍(吸う)、下にストン4拍(吐く)と上下に4回動かしましょう。

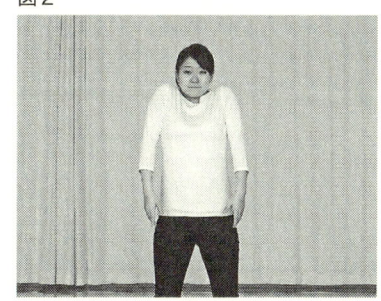

図1　　　　　　　　　図2

3. 肩に手を触れた状態で肘で円を描くように4拍で一回転を前後2回ずつ行います（8×2）。

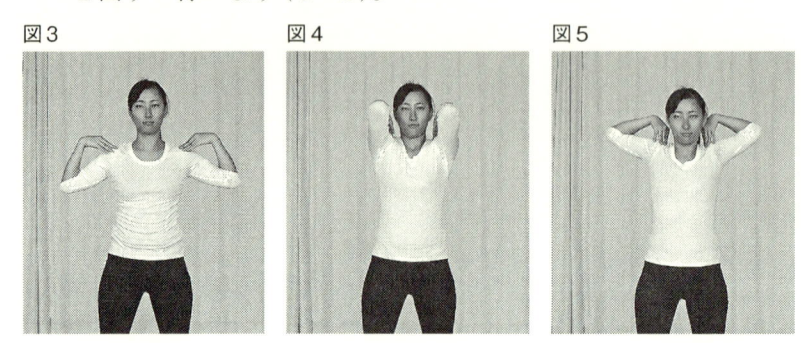

図3　図4　図5

4. ①右腕（肩）を前方に肩の高さまで上げ（吸う）、②上腕を肩の高さに維持し肘から曲げて（吸う）、③胸に寄せてストレッチ（吐く）！④その後、肘を伸ばし、肩の高さで腕を右横へ伸ばす（吸う）（8×1）。

① 図6　② 図7　③ 図8　④ 図9

5. ④から手のひらを上に向けたまま、腕を開いた状態で頭上へ（吸う）⑤胸の前を通り、腕を下ろしながら（吐く）、⑥手のひらを天井に向け、肩を前にひねる。腕は伸ばしたままなので自然に手のひら、肘、肩のひねりができる。⑦その状態から伸ばした腕のひねりをなめらかに戻しながら頭上へ（吸う）、⑧頭上から体側横へと戻します（吐く）（8×1）。

⑤ 図10　　⑥ 図11　　⑦ 図12　　⑧ 図13

6. 右腕が終われば、左腕も同じように4、5の①〜⑧を行いましょう（8×2）。

7. ①両腕を体側下から手のひらを上に前方に肩の高さへ、手のひらで空気を集めるように胸の前へ(吸う)、②胸の前で手のひらを外へ向け、胸から手のひらで押すように前方へ肘まで伸ばしていく(吐く)（8×2）。

③前方へ伸ばした両腕は、手のひらを外に向けたまま頭上へ上げ(吸う)、④肘を伸ばしたまま手首から、体側へと下ろしていく(吐く)。この時やや胸を広く張って、腕は後ろ気味に手首から下ろしていきます。

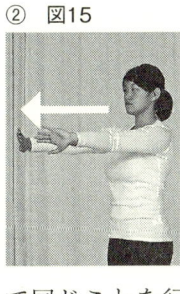

① 図14　　② 図15　　③ 図16　　④ 図17

8. は7.の③まで同じことを行いますが、③の手首外側を内側に指先を外側⑤に向けて、④のように指先から体側へと下ろしていきます（8×2）。

⑤　図18

9. 両腕の肘を曲げた状態①で、胸を前に出すように②肘を後ろへ引いていきます。引いた肘の位置をそのままにし、③前腕を伸ばします（8×1）。

①　図19　　　　　　②　図20　　　　　　③　図21

10. 手を太腿に置き①、指先をお腹の方へ向ける②、その際、肘は外へ開きながら、肩を内側に入れ込み③、背を丸めながら行います（8×1）。

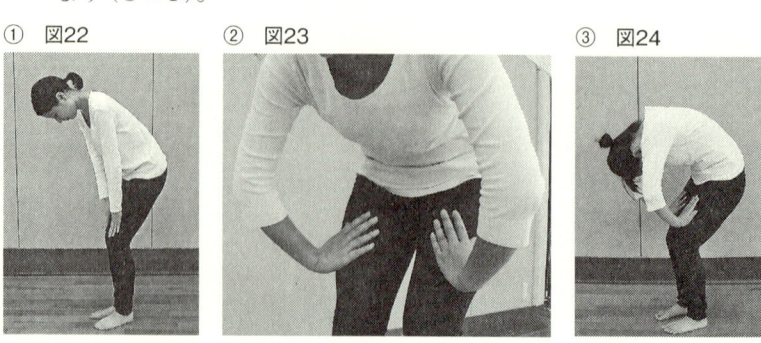

①　図22　　　　　　②　図23　　　　　　③　図24

まず、はじめに！―― 63

11. **図24**から上体を起こしながら、肘を支点にし①、前腕を外側に開いていきます②。その際胸を開きながら、肘は前方へ、肘から手先は後ろへ③、肘、肩を捻(ねじ)るように行います。最後は、捻じりを緩めながら体側へ下ろします④(8×2)。

① 図25　② 図26　③ 図27　④ 図28

肩が軽くなったでしょう！

2．こころも身体も自由自在

　自分の周りにある空間を独り占めしてみましょう！
　腕を思いっきり高く遠くへ伸ばして、気持ちよく空間をゲットしましょう。「私を見て！」という感じで行うと、おおらかな気持ちになるでしょう。恥ずかしさの軽減になる目的で筆者が作成しました。

注意点

音楽に耳を傾けながら合わせて動きましょう。気持ちよくできる音楽を選び4拍子でも3拍子でも合わせてみましょう。

「こころ脳ウォーミングアップ」

空間へ体とこころのドアをオープン

1．脚は肩幅に開き①右腕を（1〜4）ゆっくり上げ、②体側へ（5〜8）でゆっくり下ろしていく（8×1）。
2．左腕も右と同じように行う（8×1）。

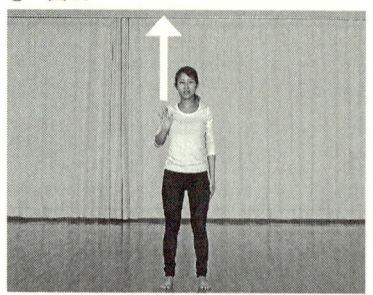

① 図29　　　　　　　　② 図30

3．右腕から(それぞれ一拍で動作)①で天井に向かって突き上げるように、肩からしっかり伸ばし②で下ろす。左腕を③で上げ④で下す。同じ動作を２回繰り返す(8×2)。

①右　図31　　②下　図32　　③左　図33　　④下　図34

4．もう一度１．２．(8×4)の動作を繰り返す。
5．①１で左脚を左へ一歩出しながら、右腕を体側から頭上に上げていき(1〜2)、②頭上に上がった右腕を内回旋させながら体を小さく丸める(3〜4)。③同じことを反対に右足右へ一歩出し、体を伸ばしながら左腕を体側から頭上に上げ(5〜6)、内回旋させながら④伸びた体を小さく丸めていく(7〜8)。

①　図35　　②　図36　　③　図37　　④　図38

④もう一度①②右腕の左脚を繰り返す(1〜4)。
全部で、右腕、左腕、右腕と３回行う。

⑤身体を伸ばしながら、両腕を肩の高さに広げた状態でその場を右回りに3歩で一回転する(5〜8)。

⑤ 図39　　　　　　　　　図40

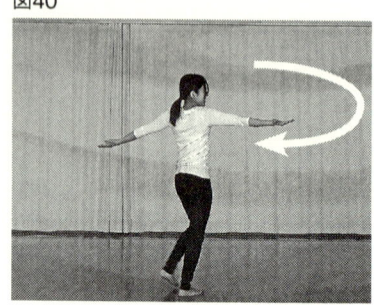

5. 4.の①、②、③、④と同じことを左腕、右脚横から行い、(左腕、右腕、左腕と3回)⑤左回りに3歩で1回転する(8×2)。

ここまで96拍を繰り返す

6. 右脚を前に一歩出し深呼吸をするように両腕を頭上で大きく開き(1〜4)(図31)、体側に下す(5〜8)(**図32**)。同じことを左脚からも行う(8×1)。

7. 両腕をゆっくり肩から上げていき、上がりきった状態で終わる(**図33**)。

図41　　　　　図42 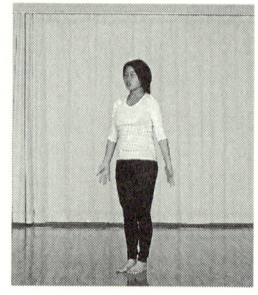　　　　　図43

1.～5.まで(96拍)をひとくくりとし繰り返して行う。
　選曲はスローテンポでもアップテンポでもよいが、曲により繰り返す回数多くなるので2～3分くらいがよいでしょう。

3. ちょっとやってみよう！

授業の導入でこころのウォーミングアップ

二人組で

①右手で握手を4拍、左手で握手を4拍。〔8拍〕

②向かい合ったまま両手をつないで、その場4拍で歩いて回り、反対に4拍で歩いて回る。〔8拍〕

③手をつないだまま、胸を合せるように腕を横に開き4拍サイドステップで横へ移動、反対側へサイドステップ4拍でもとに戻る。〔8拍〕

④手をつないだまま、4拍でひっくり返り背中合わせになる。両手を離し、2拍でお互いに右足を横へ1歩出して、左の肩越しに顔を向き合い、次の2拍で右側に向き顔を合わせる。〔8拍〕

⑤背中合わせのまま、お互いに8拍で歩くか小走りで離れて行く。〔8拍〕

⑥離れたところから、4拍でお互いに向かい合う。向かい合ったところから相手に向かって4拍手を振る(片手、両手)。〔8拍〕

⑦向かい合ったまま、お互いに相手のところへ8拍で歩くか小走りで向かって行く。〔8拍〕

⑧両手を取り合い②を行う。〔8拍〕

例：出会いの喜び

　　はじめまして、よろしく　　①②
　　出会いの楽しさ　　　　　③④
　　別れ　　　　　　　　　　⑤⑥
　　再び出会いの喜び！　　　⑦⑧

　という感じで、感情を素直に表してみましょう。
　伴奏音は、どんなものでもよいですがロック調は避けて、3拍子でも、4拍子でも気分がゆったりできるような曲を選択してください。

①②はじめまして　図44

③④出会いの楽しさ

図45 　　　　図46 　　　　図47

⑤⑥別れ　図48

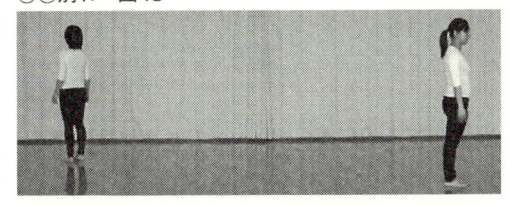

⑦再び出会う　図49 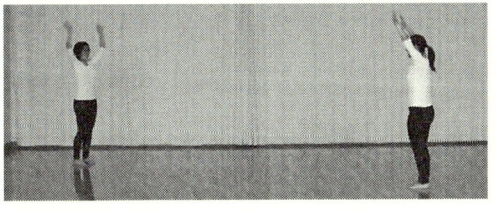　　　⑧再会の喜び　図50

4．イメージをつかんでみよう

　いろんな事物や事象の特徴をつかんで動いてみましょう。
　その特徴をオノマトペに変換したり、そのものの動きの特徴をつかめば、動きもスムースに出てくるでしょう（P.38「運動づくり」、P.57「デッサンで動き作り」参照）。

　　シャボン玉：ふわふわ
　　　　特徴：まぁるい　パチンと壊れる　風に吹かれて飛ぶ
　　　　動き：軽く、なめらかに、跳ねる感じで、くるくる回る、
　　　　　　　破裂

　　かみなり：ゴロゴロ、ピカピカ、ドッカーン
　　　　特徴：空から地上へ、直線的、光る、雲の中から光る
　　　　動き：速い、直線的、鋭い感じ

　　ク　モ：がさがさ、グロテスク
　　　　特徴：8本の脚、身体は丸い、お尻から糸が出る、巣を張る
　　　　動き：曲線的、がさがさと動く、飛ぶ

　　太　陽：ギラギラ、メラメラ
　　　　特徴：大きく丸い、暑い、コロナ、燃える
　　　　動き：曲線、激しい、鋭い

イメージをつかんでみよう———71

シャボン玉　図51

かみなり　図52

クモ　図53

太陽

図54 　　　　　　　　　　図55

5．リズムを作ってみよう

(教材 P.82参照)

じゃんけんを使ってリズムを作ります。
　ペアは向かい合って、下の①から順にじゃんけんを進めていってください。

　じゃんけんは８拍でまとめましょう。
　「最初はグー（４拍）・じゃんけんホイ！（４拍）」で行います。

① 手でじゃんけん、三回勝負を３回くらい行ってみましょう。
② ３回目のじゃんけんで、２勝したら、勝った人は「バンザーイ」負けた人は「クヤシー」と言って、感情の喜びと悔しさを表現しましょう（勝った人は立って喜びを表しましょう）。
③ 手でじゃんけんした後は、腕、脚、身体を大きく使いグー・チョキ・パーのじゃんけんをしましょう。まず、座位でじゃんけん、次に膝で立った高さでじゃんけん、最後は立った高さで身体全体を使ってじゃんけんをしていきます。高さを変えていくと、違ったポーズが生まれます。
④ 「じゃんけん」に「あっち向いてホイ！」をくっつけます。
　じゃんけんは８拍、あっち向いてホイ！も８拍で動いてみましょう。

　　　　最初はグー(4拍)・じゃんけんホイ！(4拍)
　　　　　あっち向いてホイ！(4拍)
　　　　ホイ！・ホイ！・ホイ！(4拍)

あっち向いてホイ！の方向に釣られないように、違う方向を指すポーズをつなげていきましょう。

それぞれ2パターンの8拍を分解すると……。

1・2	3	4	5・6	7	8
最初は	グー	静止	じゃんけん	ホイ！	静止

1・2	3	4	5	6	7	8
あっち向いて	ホイ！	静止	ホイ！	ホイ！	ホイ！	静止

グー・チョキ・パーのいろいろ　図54

あっち向いてホイ！のいろいろ　図55

6．作品を作ろう

創作ダンス作品制作の過程（P.32〜）を参考にしながら、下記の手順で作品を作っていきましょう。

1．グループ分け

最少3人から最大6人がやりやすいでしょう。

2．題材

自分たちが経験や体験から持ち寄る。指導者から提案もよいでしょう。

3．話し合い

作品にしてみたいことをグループで決めましょう。

4．モティーフの決定

作品を通して伝えたいことを決めましょう。

5．作品の流れ (内容)

どのように展開すれば表現できるか最も良い流れを考えましょう。

6．作品構成の運動

伝えたいことに当てはまる、運動を作り出すために、何かの姿や形を決定します。

7．運動のモティーフ

伝えたいことの主となる運動のことです。

作品を構成する、核となる運動、その姿のイメージから特徴を挙げていき、その特徴を運動にしていきましょう。

8．作品をまとめる

まとめには４単位形式を使うとまとまりやすくなります。

作品の流れから、フレーズごとにまとめていきましょう。

9．伴奏音を考える

伴奏音は、作品の伝えたいことをより効果的にするために音を準備します。

注意点は、歌詞の入った曲を使うと、作品のイメージが湧かなくなり、曲のイメージが先行してしまうことです。注意してください。

10．衣装を考える

作品を効果的に見せるために衣装を準備します。

衣装は買ったり、作ったりしないで、自分の持ち合わせの物を考えて準備します。無いところから、有る物を利用したり応用することを考えましょう。どんなものでも衣裳はあった方が気持ち的にも効果バツグンです。

7．発表会をやろう

1．舞台を作ろう

　学校の施設設備では、かなり違う環境が見受けられます。
　一段と高いところに舞台が設置されている講堂を兼ねた体育館や、体育館と別に講堂もありと、さまざまな施設状況です。ダンスの作品発表会は一段高いところにある舞台であれば、それはそれでよいでしょう。
　しかし、決してなくてはならないものではありません。平場を舞台に作ればよいのです。ラインを引けばそれで、立派な舞台になります。

〈舞台がなく平場の場合の舞台作り〉
　　準備物
　　●ビニールのテープ（幅広があれば準備）
　　●養生用テープ（緑色や青色）
　上記のテープは貼りやすく剥がしやすくフロアを傷つけにくい。ラインテープはフロアの塗装を剥がしやすいので気を付けたほうがよいでしょう。

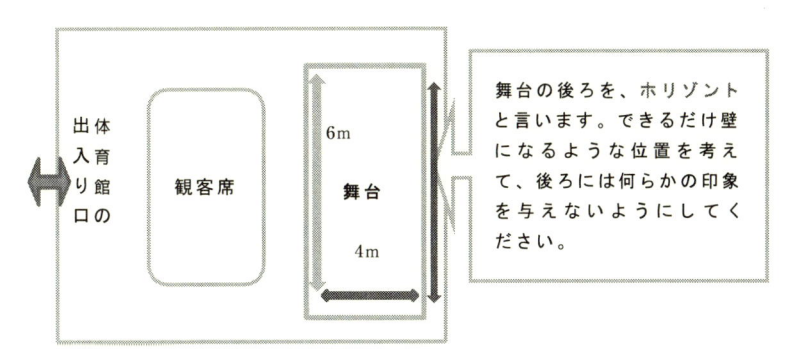

図56　舞台の作り方の一例

〈舞台の大きさ〉

　体育館の広さにもよりますが、基本的には4～6mくらいの長方形で充分です。その広さも取れないときは、客席を考えて、その環境に応じた舞台にします。

〈テープの貼り方〉

　ビニールテープの幅広がない場合は、2重線にして貼ってください。養生用テープは、いろいろなカラーがありフロアに貼っても目立つ色を選ぶと舞台感が出てきます。

〈発表者らしく〉

　演者は、出入りを下手か上手から舞台に上がり正面からは決して入らないでください。

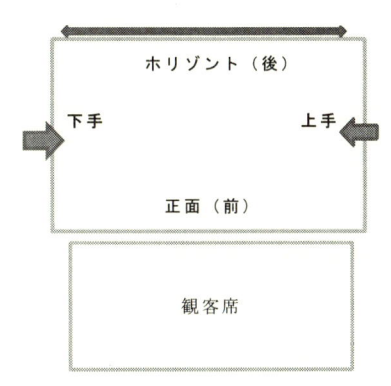

図57　上手と下手

2. プログラムを作ろう

クラス全体で発表会のテーマを考えると、まとまりを感じ、テーマからも観て感じてほしいことが伝えられます。

大きなテーマを「四季」、中テーマを春、夏、秋、冬にしましょう。それぞれの季節を表す題名と作者や演者を書くといっそう楽しいものになります。実際には1クラスで12の作品はできません。2クラス合同で行うようにすれば、皆の気持ちも高まりより良いものになるでしょう。

図58　プログラムの一例

第1部		第2部	
[春]	作者/演者	[秋]	作者/演者
1. 春風	○○○	1. 花より団子	○○○
2. さくら	○○○	2. 秋祭り	○○○
3. 旅立ち	○○○	3. 紅葉	○○○
[夏]		[冬]	
1. 夕立	○○○	1. 木枯らし	○○○
2. 夏の海	○○○	2. 結晶	○○○
3. ひまわり	○○○	3. 雪景色	○○○

3. みんなで鑑賞しよう

作者が作品をとおして伝えたいことに対して、鑑賞者は自分の中に新しい創造活動をしながら鑑賞していきます。すなわち鑑賞者と分かち合えるというコミュニケーションが成立するということになります。

以下の点に留意し鑑賞しましょう。

　①鑑賞者は心を開き先入観や偏見を捨てること。
　②作品に対して肯定的な態度で鑑賞すること（否定するということは作者との関係を絶つことになる）。
　③作品の欠点やアラ探しをしない、長所と創造性を探し出す態度で鑑賞すること。
　④鑑賞者は舞踊とは何であるかを舞踊に関する基本的な知識を持たなければならない。

4．鑑賞・評価について

　作品の出来がどうであったかということは、指導者も作者も気になるところです。しかし、作品の良し悪しではなく作品を作るまでの過程で、どこまで打ち込めたか、作品作りに対して、前向きに取り組んできたのかということが重要な評価観点と考えます。

具体的評価内容
①発表態度はよかったか（よく練習され、観せる態度であったか）。
②作品のモティーフ（伝えたいこと）が表されているか。
③作品の内容を独自な方法（斬新である）で表されているか。
④運動のモティーフ（主になる運動）がはっきりしているか。
⑤演出の工夫がされているか。
　伴奏音：作品にあった効果音であり音の工夫がされていたか。
　衣　装：作品にあった衣装が工夫されていて、運動を効果的に見せたか。
　照　明：作品にあった照明が工夫され効果的であったか（照明については、ほとんどの学校で扱われていないので、省略することが多いと思います）。

創作ダンス発表会

　幕が開くまでドキドキ、ひやひや、身体はぶるぶる！
　舞台に上がれば度胸を出して、全身で思いっきり、なりきって、伝える気持ちをしっかり持って演技すれば成功まちがいなしです。
　踊る者も観る者も、指導者もみんな感激でいっぱいです。

教材資料

教材1

教材1	ころがるとポーズの運動を使ってリズムパターン作り		
教　　材	ころがる＋ポーズ＋移動リズムパターン作りとイメージ作品作り		2～5名
学習内容 （目標）	短い動きや長い流れのまとまりのある動き作りやグループで作品作り		
	1．モティーフ（8拍）短いまとまりのある動きが作れる。		モティーフ
	2．モティーフ（16拍）中くらいのまとまりのある動きが作れる。		
	3．フレーズ（32拍）長いまとまりのある動きが作れる。		フレーズ
	4．フレーズ（前奏＋64拍）大きな長さのまとまりが作れる。		
	5．ポーズにテーマを条件づける。感情、感覚のポーズが自由にできる。		
	6．作品制作表したい内容のころがる＋ポーズ＋移動の運動をいろいろイメージできる。		
単元計画	5～6時間		
単元計画 6時間	①こころと体ほぐしのウォーミングアップ（P.59、64、68） 　ストレッチング、ころがる＋ポーズ（8拍でころがる回数を決め、繰り返し行う） 　ころがる＋ポーズ（8拍）＋移動（8拍）、動きの拍数パターンを変えてフレーズ作り、発表		
	②グループでフレーズ（32拍・64拍）作り（群の動きや群でできるリズムパターン作り）、発表		
	③作品制作ころがる＋ポーズから想像し、表したいイメージの内容を話し合う 　作品のモティーフと流れを決める伴奏音（次回準備する）		
	④決定したイメージから表したい内容の動き作り 　衣装（次回可能な範囲で有るものを準備）		
	⑤中間発表（伴奏音・衣装）、作品をまとめる		
	⑥作品の発表、鑑賞、評価		
組み合わせ のパターン	①ころがる＋ころがる＋ころがる……（8拍のあいだでころがる回数を決め、繰り返し行う）		
	②ころがる（4拍）＋ポーズ1回（4拍）		
	③ころがる（4拍）＋ポーズ＋ポーズ（4拍）		
	④ころがる（4拍）＋ポーズ＋ポーズ＋ポーズ（4拍）		
	⑤ころがる（2拍）＋ポーズ＋ポーズ＋立つ（6拍）＋移動（8拍）		
留意点	リ　ズ　ム	まとまりを感じるパターン（静止することも動きの一つ）	
	動き（個運動）	さまざまな高さでのポーズ（床から背伸びの高さ）	
	舞台の使い方	作品に合った舞台空間の使い方、人の位置や移動	
	人数の使い方	フォーメーション	
応　用	ころがる＋ポーズからくるイメージを考えてみよう！　ポーズを考えればいろんなことができる！		
	●探検隊　●アメーバ　●細菌　●侵略　●逃走　●追跡		
	ころがる拍数を変える・ポーズの拍数の長さを変える・移動で場所（空間）を変える		

　学習内容1に対して単元計画①になります。2時限目は学習内容2と単元計画②以下同様に単元計画5～6時間計画を、それぞれの計画に応じて組み合わせ、利用してください。

教材2

教材2	「あ・い・う・え・お」の字を使って動き作り			
教　材	字のデッサン 動きづくりのため	あいうえおデッサン 声を出して「あ・い・う・え・お」		3～5名
学習内容 （目標）	いろいろな長さのまとまりのある動き作り（個運動）の練習			
	「あ・い・う・え・お」の字の形（カタカナ、ひらがな、漢字）を身体でデッサン、独自の面白いポーズを作る			
	1．声を出して「あ・い・う・え・お」のデッサンから、モティーフの基になる動きが作れる。			
	2．名前（姓名の姓を8拍）を使って、短い動きが作れる。			
	3．名前（姓名の名を8拍）を使って、短い動きが作れる。			
	4．姓名をつなげて、16拍の短いまとまりのある動きにまとめられる。			
	高　　　　　さ	まざまな高さでのポーズ（床から背伸びの高さ）		
	組 み 合 わ せ	ころがる・ポーズ・移動		
	リ　ズ　ム	まとまりを感じるパターン		
	動き（個運動）	静止することも動きの一つ		
単元計画	3～5時間で計画			
単元計画 （5時間）	①ウオーミングアップ（いろいろなステップ）、声を出して「あ・い・う・え・お」のデッサン			
	移動8拍＋あ（あ～と声を出してあのポーズ）＋移動8拍同じように、「い・う・え・お」を行う			
	移動8拍＋「あ・い・う・え・お」（連続）＋移動8拍「あ・い・う・え・お」の連続をグループ（5名）で発表			
	②「あ・い・う・え・お」のポーズに高さやリズムの変化、好きなキーワードで作るグループ発表			
	③自分の名前（姓）をポーズの連続でまとめた8拍の動きづくり発表			
	例：山田花子の場合、姓は山田を8拍の長さ			
	④自分の名前（名）をポーズの連続でまとめた8拍の動きづくり発表			
	例：山田花子の場合、名は花子を8拍の長さ			
	⑤姓（8拍）名（8拍）をつなぎ、まとまりのある16拍の動きにまとめる			
	動きやすくインパクトある動きに手直しをして完成、発表			
	発表は舞台を使い、発表者が舞台に入ってくるところから最後のポーズで静止までを行う。			
	（舞台の入りは移動運動32拍使い＋名前の運動16拍を2回繰り返し〈32拍〉てポーズで終わる）			
留意点	動きづくりのもとになる名前はひらがな、カタカナ、漢字の字の形、字からくるイメージなどからポーズを考える。			
	ポーズを決めたらポーズとポーズをつなぎ、流れのある動きにまとめる			
	まとめる場合、動きにくい、つなげにくい場合は、動きを省いたりつなぎとして動きを変えたり、足したりすることにより、ひとまとまりの動きにまとめる。			

細かく5時間計画立してありますが、工夫して組み立ててください。
〈例〉森川をひらがな、カタカナ、漢字で字の形を真似たり、森の字を木が生い茂ったこんもりとしたイメージ、川の流れをイメージして動きにすることも考えてみましょう。

教材3

教材3	動きづくりからリズムパターン作り		
教　　材	じゃんけん	「あっち向いてホイ！　ホイ・ホイ・ホイ！」「あっち向いてどうなった？」	3～5名
学習内容 （目標）	グー・チョキ・パーの形を身体でデッサン、独自のリズムパターンで動き作り（個運動）		
	1．グー・チョキ・パーの独創的なポーズが作れる（個運動）。		
	2．グー・チョキ・パーのポーズを組み合わせ、短いリズムパターンが作れる（モティーフ）。		
	3．グループでいろいろな長さや高さを工夫し、長いまとまりのある動きが作れる（フレーズ）。		
	高　　　　さ	さまざまな高さでのポーズ（床から背伸びの高さ）	
	組 み 合 わ せ	グー・チョキ・パーのポーズの組み合わせ	
	リ　ズ　ム	まとまりを感じさせるパターン	
	動き（個運動）	静止することも動きの一つ	
	空間の使い方	位置の移動（はじめ・中・終わり）	
	群 の 使 い 方	フォーメーション	
	形　　　　式	ユニゾン・シメトリー・バランス	
単元計画	3～4時間		
単元計画 （5時間）	①ウォーミングアップで手でじゃんけん、足じゃんけん、顔、身体じゃんけんを座ったところから始め、だんだんと姿勢を高くしていき、最後は立って行う。グループになり、移動を加え向かい合ったところでじゃんけん。		
	②グループ（3～5名）でじゃんけんのフレーズを作り発表。		
	③ウォーミングアップで移動運動からじゃんけんポーズを行う。リーダーがじゃんけんを指示し同時に行う。じゃんけんからあっち向いてホイ！とあっち向いてホイ！・ホイ！・ホイ！・ホイ！を行う。		
	④あっち向いてホイ！　のパターンを加えリズムパターンをつくる。グループで発表。		
留意点	ポーズの工夫を行わせる。		
	身体をひねる、そる、後ろ向き、横向き、低い・高い、這う、丸まる、何人かでポーズ		

アップテンポな曲を使うといっそう楽しくできます。
ただし、テンポを刻むような、2拍で一つの動きが続かないように気を付けましょう。

教材4

教材4	形式や空間の使い方の練習		
教　材	絵画（イメージ作品制作）	絵画作品を動く「不思議な絵」に再現	5～6名
学習内容 （目標）	1．絵から受け取れるイメージについて話し合う。 　　感覚表現の○○○さが作品のモティーフになることを理解する（作者が作品から伝えたい事）。 2．風景画の平面の絵を立体画にする。空間形成および空間の形式を理解する。 3．舞台空間をうまく利用し、美しい空間づくりを習得する。 4．感じ取った○○○さを動きに変えられる。 5．絵のイメージを動きに変える（立体画面を静止画像とし→イメージ動画を作成→また静止画像へ戻る）。		
単元計画	3～6時間で計画		
単元計画 6時間	①こころと体ほぐしのウォーミングアップ（ストレッチング、リズムダンス、五感の即興、リーダーの真似） ②絵画の絵を決め、絵画のイメージについて話し合い、作品のモティーフを決定伴奏音（次回に準備） ③イメージの動き作り、作品の流れをつくる。衣装（可能な範囲で有るものを利用する） ④作品の中間発表（伴奏音・衣装）手直し ⑤作品をまとめる ⑥作品の発表、鑑賞、評価		
留意点	主になる運動	まとまりを感じる動き（静止することも動きの一つ）	
	舞台の使い方	絵画作品に合った舞台空間の使い方、人の位置や移動	
	作品のモティーフ	伝えたい内容つかむ、運動と作品の流れ	

　使用する絵画は、遠近感がはっきりした風景画を使用しましょう。あるいは、自作の絵を書いて利用するのもよいでしょう。

作品制作のための確認資料〈確認A表〉

| 創作ダンス作品制作〈確認A表〉 | 年生 | 番号 | 氏名 |

A 作品は何を作るのか確認

1．題材となるもの：自分の体験から感動・感激・気になることなどから考える。

2．作品のモティーフ：作品から何を表すのか、何を伝えたいのか。

3．動きのモティーフ：何の運動をするのか、何の姿、形、感じになるのか。

4．内容：どのような展開をすれば表せるのか。

Aフレーズ	
Bフレーズ	
Cフレーズ	
Dフレーズ	

5．作品に名前を付ける。

| 題名 | |

作品制作のための確認資料〈確認Ｂ表〉

創作ダンス作品制作〈確認Ｂ表〉　動きづくり確認　　　年生　　番号　　　氏名

1．核（何の姿、形）になる動き（動きのモティーフ）。
　　８拍＋８拍初めの動きと終わりの動きが違っていて、短いまとまりがある運動を作る。

	高　さ	
動きに変化 があるのか	方　向	
	リズム(強弱)	
	身体の向き	

2．空間(始まりから終止の位置確認)　フレーズの始まりの位置に変化があるか。

A	B	C	D

3．群の構成（配置）方向やフォーメーションが使われているか。

A	B	C	D

4．演出。

伴奏音	衣装

参考文献

邦正美『舞踊の美学』冨山房、1973

エレーナ・メセーニ『身体運動の現象学』山口恒夫・山口順子奏流社、1980

邦正美『舞踊の文化史』岩波書店、1968

邦正美『舞踊創作と舞踊演出』論創社、1986

イサドラ・ダンカン『我が生涯』小倉重夫訳冨山房、1975

荒木恵美子、磯島絋子、井上邦江『「身体表現」の学習』遊戯社、1994

石川博子編『創作舞踊の理論と実際』黎明書房、1992

びわこ成蹊スポーツ大学編『スポーツ学のすすめ』大修館、2008

柴眞理子『身体表現〜からだ・感じて・生きる〜』東京書籍、1993

桜林仁『生活の芸術』誠信書房、1976

『新学習指導要領による中学校体育の授業（下）』大修館書店、2004

『新学習指導要領による高等学校体育の授業（下）』大修館書店、2004

文部科学省『高等学校学習指導要領解説　保健体育編・体育編』2009

文部科学省『中学校学習指導要領解説　保健体育編・体育編』東山書房、2008

日本教材システム『ひと目でわかる2色刷り　中学校学習要領　新旧比較対照表　平成10年度版×平成20年度版』教育出版、2008

日本教材システム『ひと目でわかる2色刷り　小学校学習要領　新旧比較対照表　平成10年度版×平成20年度版』教育出版、2008

■著者略歴

森川みえこ（もりかわ・みえこ）
1950年、大阪市生まれ。
趣味：紙粘土細工、絵を書くこと
特技：マッサージ、オリジナル料理
スポーツ：スキー、ウォーキング
現在、びわこ成蹊スポーツ大学准教授

創作ダンス！はじめの一歩

2015年7月10日　第1版第1刷発行

著者…………森川みえこ
発行…………サンライズ出版
　　　〒522-0004滋賀県彦根市鳥居本町655-1
　　　tel 0749-22-0627　fax 0749-23-7720
印刷・製本……サンライズ出版

Ⓒ森川みえこ 2015 Printed in Japan
ISBN978-4-88325-570-2 C2073
定価は表紙に表示してあります

学校で習う「保健体育」がこんなに奥深いとは！

健康に生きるための
保健体育

びわこ成蹊スポーツ大学准教授

谷川尚己 著

A5判　並製　総136頁　本体1000円+税

◎ なぜ薬はぬるま湯で飲む？

◎ ガンにならないためには？

　薬やタバコ、危険ドラッグ、メタボなどについて学ぶ「保健編」、子どもの運動や生涯スポーツ、疲労と健康などについての「体育編」。本当は奥が深い「保健体育」を、これ一冊で極める！

資料❹ がんを防ぐための12か条

❶ バランスのとれた栄養を
❷ 変化のある食生活を　いつもこれ
❸ 食べすぎを避け、脂肪は控えめに
❹ お酒はほどほどに
❺ たばこは吸わないように
❻ 適量のビタミンと繊維質のものを多くとる
❼ 塩辛いものは少なめに、熱いものは冷ましてから
❽ 焦げた部分は避ける
❾ かびの生えたものに注意
❿ 日光に当たりすぎない
⓫ 適度にスポーツを
⓬ 体を清潔に

『中学保健体育』（学研）より